Lino García Morales

El secuestro del deseo

© Lino García Morales, 2020
© David Palacios, *arte*, 2020

Edición e impresión por BoD – Books on Demand
info@bod.com.es – www.bod.com.es
Impreso en Alemania – Printed in Germany

ISBN: 978-8-4132-6584-1

A Hugo, Héctor y Viki,
a David Palacios y Luis Gómez,
a Danilo Molé, Abel Pérez,
a Orlando Bernal y Pedro Pablo Pedroso.

Te convido a creerme cuando digo presente.

La verdad después de la verdad
                              o antes
Ignorante

Garganta de anzuelos mordidos
                              y cuerdas hipertensas
Orgía roja de glamur en espiral
Truena pellejo
Estírate en un grito de rasgar la mudez

Disección de una felicidad envenenada
Acorde trivial de matutino
Matraca de carnaval retórico
Discurso flácido
Truena donde rompe el viento de rozar
Abanica mis cojones
            llenos de ira y manantial
                        desprovistos de método, acción y voto

Garganta mordida por el trueno
Tensa de flácida retórica
Acorde rojo de glamur estirado
Rasga el pellejo

Viento en espiral
Arranca un hilo de voz a esta mudez

La tira que envuelve tus ojos
        es la meta
                y esta la pista donde damos vueltas
¿Cuántas?
        No lo se
Pero ahí está la cinta
                que cortará una tijera
Una inauguración
Después alguien romperá la botella de espuma
                                contra mi cabeza
Vamos a inaugurar mi cerebro

Su televisor tenía un solo canal
Una imagen mitad cielo despejado, mitad césped girasolado
El botón del cambio de canales tenía todos los numeritos
Pero él lo usaba así
Como un proyector de vista fija

Nadie sabe como fue que el viento volcó la antena
Pero ese día perdió su imagen

Registró en su memoria
                    Mitad césped, mitad cielo
Y nada
        Así
                de repente
                        Nada

Tocó en la puerta del vecino
Su botón tenía otra posición
En la pantalla un animado anunciaba un filme de suspense

Casa por casa
Descubrió la turbulencia multicolor televisiva del vecindario

Le subió el colesterol
Tuvo una trombosis
        Tres paros y dos derrames cerebrales

Regresó a su puerta y
       Apuntando con su dedo hipertrofiado
           A su antiguo canal desvanecido
Penetró en la imagen apagada
En busca de sus girasoles

No hay que olvidar que a esta libertad
y a ti os he ganado jugando a las pajas
André Bretón

Mañana este vaso de agua
Caerá formando gotas consecutivamente articuladas
La altura aproximada es de un metro
Sobre cuatro dedos de agua en estado de espera
Espera de estado

Llovizna encima de algún charco
Abanico de petróleo
            bajo la última jimagua de la 132
Ocho justos

Otros
            sin tanta prisa
Preparan el chorro de un día venidero
Frente a un pan sin mantequilla
Desengrasan músculos artríticos
Sacuden sus lenguas atrofiadas
            con matices en peligro de extinción
Doblan el paso al jardín de infantes
Solo levantan una esquina en un signo de adiós

Despúes
No será más abundante
Pero
  quizá
Gozarás el susurro impreciso
De mear
  los clásicos presentes

El hombre
      Se para junto a la Miami
Las persianas escamosas
          y despintadas
Ilustran una historia de colores
          Gastada
             Ahora sin importancia
En el suelo
      El ron bate la escasa piedra de hielo
A lo lejos
      El mar agita las constelaciones
      Que el hombre junto a la ventana desconoce
A sus espaldas
      La televisión resuelve el último noticiero
El locutor
      Lee desesperadamente las nuevas
Tema con variaciones
Llega a la última línea
Retorno del carro
Repite
Repite
En la sala
      Un niño repite líneas
Debo portarme regular

El hombre

       Levanta el vaso del mar

       Cierra las estrellas

       Apaga las persianas

Las líneas

       Repiten un niño

En el suelo

       La constelación bate la Miami

El locutor

       Desconoce desesperadamente

       Las últimas piedras

El hombre

       Junto al televisor

Ilustra sin importancia

       Un hielo de historia escamosa

A lo lejos

       Los escasos colores despintados

Bebe una historia

Se para

Se para

Se mordió la úlcera en vísperas de año nuevo
Reventó sordo de tanta flema crepuscular
El tío estuvo viudo veinticuatro horas
La silla le arrancó un almanaque de blúmeres
Perdió uno a uno los pelos de los pies
Al codo se le abrió una carie
Le inyectaron sidra con limón
Amaneció desnudo
Pensó que nunca abrió los ojos
Y olvidó que cuando murió
Le pusieron dos coronas
Una merienda de aserrín
Y un buzón para el taxi de recogida

Llegó a la pared y se detuvo
A la 365 vez se dio cuenta que era una gata
Pero no pudo entender su pose
La gata ladró
Cosquilleó piernas arriba
Tosió sin taparse la boca
Lo miró de reojo
        y mordió su cara
Él viró a la puerta del museo
Sin entender por qué tanta grosería

Mi zoológico es una enciclopedia de animales
Muchos de ellos de incuestionable interés
para la construcción del …
Otros para la brigada de detención del tiempo
Y otros porque sí
La mayoría andan sueltos y por eso la hacen dondequiera
Otros están amarrados no se a qué los días impares
Y solo logran hacerla en el rectángulo cuadrado que
Se le orientó por el nivel superior N atado a su vez al $N + 1$
Y así sucesivamente
También abundan especies bicéfalas
Esto pudiera provocar una revolución del pensamiento
Pero no temáis una …
Ambas tienen 3/4 partes en formol y el resto
Trabaja alternativamente una con Dios y otra con el Diablo
Acá existen
Cerebros unidimensionales
Pubis en función de intereses colectivos
Verborreas hiperbólicas de izquierda
Escaleras dorsales 24 horas de servicio
Almacenes de iniciativas
Cables a tierra en cantidades industriales
Polifemos, cerdos, teatro Nô
Doña flor y los cuarenta ladrones
Cartelera de balances, factores y sociodirectómenos
Memos

Apertura Ruy Pérez
Ojo que no ve
Ojo que tampoco quiere ver
Etc., etc., etc.
Pero
      Hay una especie
          Que sin dudas es diferente a todas las demás
Solo se repite cada tres vueltas ciclísticas a la constelación
Su peso corporal ocupa 1/8 de su constitución general
      El resto es soplo de ángeles
          Y está en contagioso peligro de extinción
Es una pena que vivamos en jaulas separadas
Yo la miro desde la mía
Contemplo signos en sus ojos
Hasta un inevitable cambio de sentido
Durante el día
No puedo evitar detenerme en sus movimientos
Lentamente
      Punto a punto
          La fotocopio en mi memoria
Se escapa
Durante el complemento a dos de este tiempo
Paseamos por un zoológico sin jaulas
      y sin animales
Creo que es un jardín botánico
De sueño en sueño
      le prometo
Construir un muro para proteger
      la propiedad privada de su estabilidad
Ella me ayuda
Los ladrillos se amontonan unos encima de otros según
      $Y = 1/X$
Me hago el muerto
No hay velorio
Solo pequeños signos tan gigantes
Como la suave mitad de un caramelo

La saliva cubre la mesa y cae
Formando grandes gotas en el suelo
Al compañero de al lado
       de mi compañero a la derecha
Es decir
Tres compañeros más allá
Se le ha desprendido la izquierda
       de tres puñetazos en su cara
El tic tac del Poljot
Estremece el líquido
Forma pequeñas burbujas
Que amenazan subir a la agenda

Los parlamentos se enredan
       en peligrosa recursividad
La humedad asciende a -3 ºC bajo cero
El balance a 1991
El acta de secretarios escribe un bocado
Por cada movimiento de la manecilla más fina sumergida
       Al pie de la silla
El *environment*
       del techo
              del piso de abajo
(Justo donde están mis pies)
Aumenta su viscosidad según la progresión
       $y = (mx + b - b) * y$

Las notas sueltas de comentarios
        cogidos al vuelo
Devoran el segundo tomo, folio 10.01
El compañero de enfrente
Juega a hacer bolitas con los dedos
Nadie juega a hacer dedos con las bolitas
Que caen
        desde el trasero del forro de las sillas
                                a la charca
(En acelerado proceso de desestabilización)
Me saco una bota
Parece de porcelana
El de al lado le da los últimos retoques
        con varias horas de trabajo proletario
La rasuro con un buen ejemplo
(Ahora parece una alcancía)
Todos echan su veto en ella
Increíblemente pierde peso
Se sale de mis manos
Sube al techo
Choca
Estalla en estrepitosa fragmentación
Todos los pedazos son iguales
No puedo rehacer mi zapato

Pido permiso para volver
7 votos a favor y 2 abstenciones
El otro pie pesa como una mancuerna
La involución de la sustancia engendra un orden
(Cualitativamente inferior)
Los pies quedan encerrados en milimetradas cuadrículas
¡Alarma!
Nadie se inquieta
Las articulaciones se han ido momificando
Grito

Casi rompo el otro pie
(Esguince)
Alcanzo de traspiés en traspiés la próxima puerta
(Es una ventana)
En la habitación contigua hay otra mesa larga
La gente conversa boca abajo
Con los pies muy cerca de las rejillas de ventilación
Están ventilando un asunto de principios
                                        de siglo
Atravieso la habitación por el centro de la mesa
Salgo a otra mesa
Todas las cabezas flotan sobre los ceniceros
Los cuerpos se han ido a merendar
(Con todas sus vísceras)
Recitan desesperadamente

Este cuarto no tiene puertas
Ni entradas, ni salidas
Solo un pequeño inodoro
En un rincón a la izquierda
Me acerco
Está escrupulosamente limpio
Miro mi reflejo en él
Solo veo lenguas coloreadas con pasta
Dispuestas una tras otra
Una encima de otra
(Una matriz de lenguas)
Con un simple movimiento del índice
Echo a andar la maquinaria del remolino
Cabezas, mesas, saliva, agendas, burós, actas
Plumas, acuerdos, desacuerdos
(Uno tras otro)
Se pierden en el irrefrenable torbellino
En pocos minutos ya no existe nada
Solo el inodoro y yo

Recuerdo que dejé muchas cosas pendientes
Por aquella citación
Oigo pequeñas voces y salgo corriendo
Las alcanzo
Son varios niños en el suelo
          recortando cadenetas de hombrecitos
Las tijeras se mueven seguras
Entre las gotas de risa
En fin

El verano más suave

más firmes que nunca

no habrá trámite con el pasado

El enemigo vive dentro

puede suceder

no sólo el bloqueo

hubo quien tuvo las riendas   nuestro futuro es irreversible

por un acierto inequívoco   rectificación de errores

el rábano por el tallo   para resolver

la reunión   para analizar

el congreso para   comparar

y descomponer

las tendencias

negativas

ahora

si

25

Voy a contar las manos con los dedos
Voy a vivir hasta diez
Voy a soñar la hierba por el sueño
Voy a pensar en el tren

Una maqueta de un trozo de vida
Me voy a fabricar
Y daré vueltas donde se ilumina el sol
A contemplar
         Deseos

Voy a parar al centro de una vía
No sé dónde coger
Echo a correr y salgo al mismo punto
Como si fuera atrás

Hay muchas calles
         Mucha concurrencia
Todos vienen a ver
Qué luz te pone el guardia de la cebra
Si no puedes saltar
         Tu sombra

Tengo licencia en cada apartamento
         de mi ropa interior
Voy navegando *el filo de un cuchillo*
El tiempo vuelve atrás

Nada es perfecto, solo las noticias
que están por suceder
Y la paciencia corre por la espalda
Resbala y corta el pie
del tiempo

Tuve una alfombra mágica en un vaso
que no pude beber
Tuve una sinfonía por pedazos
y un dedal de coser

Ahora tengo huellas en la cara
donde puse los pies
Tengo agua hervida en una palangana
y un sorbo de café
Mezclado

Este parto es un aborto de infelicidad
Premeditado o no
Todos no alcanzamos al mismo incesto
Mi víctima es la culpa que no tengo
El éxtasis
            La cuarta dimensión donde Judas anuda sus zapatos
Los cordones la palanca para sofaldar el oasis tridimensional
            donde te beso
Se parte
            Nos salvamos
Se apuntala
            Y la luz
                        Degüella toda mala jugada para asistir
                        la génesis de ulular
                                    una mañana ordinaria
¿Quién es más macho?
La puerta transparente de lo que no debió ser nunca
Permitida de cuanto no sea aquello que estrictamente
            No deberá ser nunca
Traslúcida al baño gris donde derramo pequeñas ideas
            sobre tu piel desnuda
Verde
Pequeño lugar inhabitado
            Poblado solo por la angustia de lo que nunca
                        podrá ser
Este parto es un cinturón de castidad de lo incierto

¿Qué es más macho?
Romper las barras que regulan el tráfico de lo que debe ser
Resbalar en la aventura hacia el delirio
Siempre hay espacio donde caer
El vacío no puede ser peor
Premeditado o no
        Siempre hay un baño gris donde saltar
            Aunque sea en pedazos

Yo

      Te amo

          Mucho

Pero si en lugar de decirlo

      Salgo a la calle y pinto

          Jeroglíficos

Habrá quien esté seguro de mi subversión

The enemy would have been warned

Llame al sobre lacrado #$%^&

(No voy a deletrear)

Tomo de vuelta tu cintura de reloj de arena

Sexo de _____ y de

                Ornitorrinco

Sexo de alga y de bombones antiguos

De nalgas de primavera

Susurro la encripta del préstamo

Habré quien grabe el último pensamiento

Reconstruya la nariz por el pulgar del medio

Limpie un deseo con alguna cerilla ilustrada y

Masticando la primera cebolla

Eyacule realismo socialista

Podría un *story board* de tus sienes

Los relámpagos en tus pechos

Rizos de *poodle toy* sin maíz

Pero no creo tanta complicación

        Ni recetas de cocina

Mejor callo
La mudez es un síndrome de violencia
Tú deletrearás las gotas de silencio
     Con tus ojos de sábana
Y
     De agua para beber en la cárcel
Y
     De ojos de madera siempre bajo el hacha
Serás
La única

Mi corazón una isla
(Pequeñas pocetas de anhelo
Donde hundes tus piernas)
Mi corazón un trébol
(Canasta de bastos sin partida,
Solo tus pequeños hilos de tifón)
Mi corazón una nube
        desgarrando la cavidad de tu vehemencia
(Cabalgata sobre el incienso rosa de tu silencio,
Equilibrio de una ciudad desesperada,
Reverso de una carátula vitral)
Mi corazón una lluvia de paréntesis
(Espera de quimeras sin asueto)
Mi corazón abriendo el aliento de tu garganta de miel
Mi corazón balanceando en tus cartílagos azules
Mi corazón un labio de pólvora donde hundes tus ojos
(Linterna de apacible tormenta,
Tomate de cálidos tragaluces,
Porcelana en la punta de un sable,
Albatros chapoteando entre chispas de cuarzo,
Reloj involuntario de tus cráteres,
Papeletas de hangares clausurados)
Mi corazón de paletas de picar pastel
        y velas flotando en el merengue de tus horizontes
Mi corazón de remos
        de abanicos de ventilador buscándote
Soplando la cirugía
        donde hundes gotas de tu devenir

Tu sueño la espuma mineral de desértica alfombra
Los pies se hunden alcanzando la lluvia
       Estrechos elevadores del viento
Tu nube pasión planetaria
       Eclipse de pequeñas adiciones
Las manos se aventuran al fuego
       Pequeños tornasoles de juego
Tu beso *flash*
Calidez atropellada simultáneamente
Todos los intervalos se juntan
       Labios en sibarítica tormenta
Tu silencio la huella
       Arena ingrávida en mi glotis
Cualquier idea se pierde en laberínticos
                 signos de interrogación
       Anchos pasillos de constelaciones
La duda un piano
       Donde percute la quietud
El sexo huele a gotas de manantial
       Ojo de saciedad voraz
Tu palabra un verso
       Bandera para agitar desánimos
Los hilos se tensan hasta desaparecer
La niebla es una corneta a guillotina

Tu razón una pendiente
          Cuesta de aire, fuego y río
La canción es un síntoma de vida
No deberá parar
No paró

Pudo ser un beso rosa sin tu escrúpulo
      o el labio verde de la primera vez
            sin duda plagio de otras suertes
      Caricias teñidas para el desayuno
      Pancarta de tipografía gótica
      Esperando la caída de las nubes
      Vigilando la única manecilla del reloj
           El dedo índice que chuparon otros
               camuflados en sus párrafos
           Enciclopedia de excesos post-antiguos
Pudo ser una manguera del césped que amortiguó su pelo
      Un escalón de tu merienda
      O el rocío en tu saya de uniforme
Pudo ser tu pase
      O un pequeño elástico maniatando el empuje
          de tu virginidad
Pudo ser tu sueño
      Technicolor
Medio Disney, mitad Gustavo
Pudo ser el eco de una sonrisa
      La plenitud de tu encanto
         Tanto
             Que el estornudo de la infancia
             Lo empinó
                Como un papel
                En el aire

Este mundo de no tener secretos es pequeño
                              para caber juntos
                                    sin embargo
Aún debemos pasar desgarrando el molde
                              que nos marcará
                                    para siempre
El interior es grande para los dos
(Pero no todo es asunto de replegarse
Y apostar que termine la temporada húmeda)
Afuera
              un mundo bipolar se desuella por el poder
(La paciencia es el arte de esperar)
El sol liquida las marcas
                    Aún
                         las del tiempo

El mimetismo es una plaza vacía
                    sin farolas
                                    donde el sol no llega
Húmedos impulsos de oportunismo que
                    no consiguen saltar
                                    su irremediable paradero
La plaza puede ser un carrusel
                                    o una montaña rusa
Todas las vueltas
Conducen a la próxima vuelta

El mimetismo no es
            no tener salida
                        sino la llave perdida del último picaporte
El mimetismo es el centinela
                de la última posibilidad
                                en este camino
La piel puede ser tu tatuaje
Un hombre su palabra escrita
La voz su penumbra
El mimetismo
                su incondicionalidad

Alguien miente
           Ilusión de una libertad en paro
           Abundancia de la escasez
           Somnolencia de la palabra
La evolución gira en círculos grises a mi alrededor
Susurra
        oculta
               en un silbido de aire
                          Cierta inmovilidad
Me mareo
Caminar es una sensación de retorno
La ilusión gira sobre la metáfora
Nacimiento y muerte se abrazan
Los extremos se trastocan
Caen al cesto de basura los puntos suspensivos que proyecto
Atornillado a mi sombra no puedo elegir
Otros lo hacen por mí
Soy un caballo de carrusel cabalgando libremente
Hacia arriba y hacia abajo
El paisaje es una lámina de almanaque
Seleccionada didácticamente para evadir
                          la impresión de calma
No rompas el círculo
           Es la estrategia del juego
Peón por caballo
Jaque, jaque, jaque, jaque, jaque
                          Mate

Busqué tu última palabra en el diccionario
No decía nada
Las hojas eran un simple listado ordenado alfabéticamente
Como si tu última palabra significara todo
Como si te fuera necesario
              imprimir todo un libro para
                    explicar el significado de tu última palabra
Tus anteriores palabras estaban en la lista también
Explicando
Ilustrando
          la nueva posibilidad
Porque nadie como tú puede vivir
                    por supuesto
Sin una última palabra

Rellene las casillas en blanco
Estudio, _____ y Fusil
_____ y Defensa
Seremos como __ ___
Aquí __ __ _____ _____
Pa' lo ___ ___ Fidel
                Pa' __ que sea
Por Cuba con _____
Patria o _____
_____ o Muerte

Seremos como el Ché

¿Cuándo?

No tuvo bien claro
Si era la última mentira o la primera verdad
Vio lo que hasta entonces se desparpajaba en su nariz
Se le despellejó una sonrisa
Un tubo de aire entró por su garganta
Y se vació por las bolas
Pudo aguantar el hedor
Respiró profundo
Y alcanzó a ver
Las caras de la muchedumbre
Las que necesitaba
Como si hasta ese instante
Hubiese caminado de puntillas

La reunión había sido de improviso
A pesar de eso
Pudo arreglar su pulcra guayabera
Colgarse la docena de bolígrafos
Documentos, fosforeras, cajetillas
Y detallarse su religioso peinado
Hasta tuvo la suerte
De oír durante el viaje su música favorita
En la casetera de su auto
Pero cuando llegó
Se acordó que no sabía
Que debía decir

Su cerebro es más espacioso
            que un llavero de campaña esteparia
En el eyacularon agua con jabón,
            El Manifiesto,
            Siglas para una década de institucionalizaciones,
            Conveniente literatura ideológica,
            Y un atlas de glorias, historias y victorias del pasado
Se cuida fundamentalmente de no desbordarlo para
            No diluir su monotema en orgías fantásticas
                        sin sentido
Guarda un almanaque de Fidel en el bolsillo del safari
Tiene aptitudes de saber raramente lo que dice
            Idóneas para combinar su compacto alfabeto
Se alimenta de órdenes y plenos
Sabe manejar armas de calibre suficiente
Su ropa huele a tabaco fino y colonias importadas
Se le ve con frecuencia en la Plaza
            Y en la televisión
Es demócrata de izquierda
            Visto con cámara de 180 grados
Cuando se juntan recuerdan
            Los grandes desfiles de medallas frente al Kremlin
            Y la imagen de Lenin disecado
En el auto tiene una manita
Que dice adiós

Creyó que era tonto
(Eso no afectaba su plan de trabajo)
Se convenció
Dos méritos
(No irás al vertedero)
Buscar consuelo en alguna creencia le pareció vulgar
Bombardeaba papeles con un cuño curvilíneo uniforme
Sus dedos ruedan en paracaídas sobre los postes de bolígrafos
Sugiere una idea taquimeca post-gótica
(Legislación inmediata para una sustitución anormal 304.2)
        Organización del orinal
        Extracción del miembro
        Las butacas giratorias adolecen de artritis
Promesa 1124 para período inhabitual en el apéndice 4211
Comentarios en la sala
Estás en el lugar equivocado
En el momento equivocado
Gestiona cálculos en su memoria rebelde autodidacta
Alguien siempre piensa por ti
No es extranjero
¿Quién es culpable?
La respuesta correcta es…
                    El imperialismo
30 años de servicio no son nada
Servicio de habitación: 25 horas
No planifica el cambio de guardia

(Perdona por no entenderte)
Parece vulgar por alguna creencia
Creyó que era el vertedero
Fue bombardeado en paracaídas sobre una butaca giratoria
Gestiona una legislación artrítica en su memoria
                              Extranjera
                                    Uniforme
No planifica comentarios en la sala
Está en el poste equivocado
En el momento promesa 4211
Servicio de habitación: idea post-gótica 1124
Lo convenció
Cambió de guardia
(Promesa vulgar al orinal)
Alguien siempre extrae el miembro por ti
30 años autodidacta
Alguien siempre se convence

Hijo de Janis Joplin y Jimi Hendrix
Retazo de *jeans* y patas de gallina del viejo Woodstock
Demasiado joven para morir
Demasiado borracho para seguir viviendo
Quiere llegar al Sol
                          bemol
Fan de Jethro Tull y del Quijote
Tiene un alfiler en el chaleco
(Tres pequeñas costuras hacia adentro)
Casi siempre un sobre de pastillas
(Y una caneca en el hígado)
Trepa a la guagua como casi todos
Desteñido
Olvidado
Sin paradero

Tu canción suspendida en la sabana del África
El sobreviviente la olerá entre la hierba
Interrumpida por la milenaria cacería
Mitad MPLA, mitad Savimbi
El batón del poder, del obsequio
A la levedad
Tu canción de ruido en el matorral
Y de tetas angolanas colgando

Guitarra de mala puntería y balas de gorriones limpios
Tu armonía de chapilla con numeritos
Ábaco del tiempo y el delirio
Tu canción en altoparlantes remotos
De marchas estridentes y tumulto
Tu canción desafinada
De lemas de matutino
De pancartas para ir a la plaza
Tu canción pingajosa y olvidada

El charco de agua sucia se estira silencioso calle abajo
El perro sarnoso se acomoda junto a la cañería
Los papeles cansados de girar en el aire
Dormitan en cualquier parte
El farol intermitente parece resbalar en el hueco
                                        de la esquina

La Habana duerme
Y yo camino entre su sueño despertando
La navaja de luz en mi ventana

La calle es un grito fragmentado en murmullos
Escucha

Somos mejores

No alcanzo a verlo desde mi insoportable cirugía

Las paredes aguantan todo lo que le pongan

Fanfarria

Lamentablemente no son comestibles,

ni almohadillas sanitarias

El turista alquila la verdad a buen precio

Muy barato

La realidad es un enemigo invisible

Me atraganto de pancartas y maldigo

La historia no se excusa

La calle es tan solo así

No tengo visa para pisar otras

No hay preguntas

Solo montones de respuestas previsibles

En espera de preguntas admisibles

El escalpelo del tiempo es un buen sastre

El tiovivo de las estrellas oscila

En alguna región del cerebro

Nadie tiene la culpa

Nadie

Solo el bloqueo
Gorbachov

<small>Y</small> **yo**

Entre mis cuatro paredes de preguntas
Naufrago de una neurosis tempestuosa de conciencia

Fumas un té
Las bocanadas ascienden de anillas en espiral
Pan con aceite y ajo
Vegueros, Populares
Tu nevado se esmucia del cajón de consignas
Prensa pretenciosa, razón de Estado
No travestis
(Un mecanismo perfectamente regulado)
Aprende a dibujar los aplausos dentro de este
                              victorioso cubo de victorias

Tu cabeza es una unidad modelo
Mis cojones de 7ma categoría
Tu imagen está en 26
Un pensamiento se envenena con una pizza en 23 y 12
La gente se enreda entre aros de humos
                              groseramente concéntricos
Somos dos entalladuras de la única cara de la moneda
Siempre cae de canto
De pie
¡Fiiirme!

Con dos manos compramos un café en alguna esquina

Brindamos
  Por el ahorro de un recurso poético
  Por los medios de difusión en función
  Por las conquistas
  Por esta sensación de licencia
  Porque la libertad de prensa deje de ser oficio
Rompamos el protocolo parlamentario
Vayamos a fundar

No es por ser el eco de un líder
Ni por definir los límites de un problema ideológico
¿Capilaridad es igual a Popularidad?
Difusión masiva
En el aire
Se abre el telón
Aparece un altoparlante
El proscenio es oscuro
(Blanco y negro)
Solo la trompeta es Roja
Hay un cartel lumínico desinformando
Flash
No es porque luego me pisen pseudo-botas milicianas
                                        de un domingo,
            ovejas obcecadas en atisbo placentero,
            votos apuntando al cielo,
            o el próximo mandamiento
Para humedecerlo en rótulos
(Parlamento de su utilitaria apología)
No es porque sea un cartel de carretera
                                        de segunda mesa
(Luego de una mesa sueca en moneda libremente extranjera)
No por autenticidad, ni por costumbres
Ni por tener las canas de una canastilla

Valga la redundancia
Valga la redundancia
Valga la redundancia
No es por lo que valga

                la redundancia

No es nada de eso
Es solo

        No tener alternativas, ni perspectivas
Ni otra razón de ser
Que ser
Una consigna más

La ciudad está señalizada
No es posible un paso extraviado
        No se puede permitir
La información (concretamente ajustada) es un demonio
                    de levedad del no ser
Nunca pensé – No quiero ser otra cosa
Nada
La voluntad se va tornando irascible
Solo la obediencia es admisible
Hay un deseo injusto manipulado y
                    huellas de tiempo en la cara
Tengo una cruz y el corazón endeudado
                    a una bazofia muda
Debo partir, debo llegar
                    a otro lado
Quizá volver, quizá mear la llaga
Quiero gritar (aunque mi grito suene dentro)
Oírme entre las manos
Hay una línea y un metro cuadrado
Una frontera entre humedad y frío
Tengo una cama paralela al vacío
                    Y sábanas con crucigramas
Mi cerebro está señalizado
                    con aventuras para no perderme
Una ilusión terriblemente condenada
Y entre nosotros… nada
Nada

Tenemos tantos papalotes
Que ahogamos las nubes
Amarilys Matamoros

Desde aquí se ven unas cuantas chimeneas
Un hospital, el Capitolio, la iglesia de Infanta
La torre de televisión de La Rampa
El Habana Libre
Las casitas empujándose entre los bajos edificios
Una fortaleza, una bandera desteñida
Hasta la bola del mundo de Carlos III
Así, tan simples
Detrás de mi cristal
Ante la percepción del ojo más ridículo
Pintados, sucios, desconchados
Nuevos, viejos, ostentosos, humildes
Modernos, prehistóricos
Ahí están
No me lo cuenten

La Habana está llena de putas que
Según nuestros máximos lideres son enfermeras del amor
         y se prostituyen
             porque les gusta
Gasolineras vacías, almendrones
Esquinas en venta, policías decorativos
Consignas que
Empujan, pero no se dan golpes

Un momento
Sale orquesta sinfónica
Regresa cuarteto de cuerdas

La Habana tiene dos monedas
La de siempre (en bolsa negra)
y otra vieja conocida (en bolsa *easy shopping* de Cubanacán) que
No vienen al caso, ni al derrumbe del campo socialista
Pertenece a los señores imperialistas
A los que
No le tenemos absolutamente ningún miedo
                 Ninguno

La televisión transmite pocas horas
Pero es necesario este esfuerzo para
        mantener al pueblo
          ilusionado con

Las nuevas conquistas en período especial
     (Bueyes en lugar de tractores,
      Sobrecumplimiento de los planes de producción
         en todos los sectores
      Horario de apagones y
      Otros temas de interés nacional y extranjero)

La Habana está llena de fetiches que
Comparten junto a la nueva propaganda de consumo foránea
     El inusitado paisaje

La Habana en misa y en procesión
Ni aquí
Ni allá
En ser y no ser
Y
Una última cosa
Todo esto
Sin renunciar a nuestros principios

La pared donde mataron al subversivo
La pared donde ese día ponen flores
La pared donde el 26 cuelgan una bandera
La pared donde Víctor se masturba
La pared donde Eva y Fefa se amaron la primera vez
La pared de colas interminables
La pared donde el cambio es a tanto x 1
La pared del lado de la sombra
La pared donde asaltaron a Jorge
La pared donde amaneció ABAJO QUIEN TU SABES
La pared de enfrente del sector
La pared que no deja ver el otro lado

La isla es un péndulo bajo un pozo azul
Algún grito resbala y cae
Alguno escapa
El eco tiene botas de elefante
Las paredes crecen
        Buscan la mañana prometida
        Vestida de carne y humedad
Dos borrachos susurran su angustiosa sobriedad en
        un discurso de boleros viejos y trapos multicolores
        y tendederas (que abarrotan balaustradas y balcones)
La exposición puede revelar su identidad
(Aunque no sea más tiempo)
La ciudad es una mezcla acelerándose al arcén
Las gotas se amontonan en castillos
        Olas rizadas de galeones, quitrines y espaguetis
                        A buen precio
La inversión perpendicularmente telescópica
        agobia la acústica en reverberaciones infinitas
Resbalan y caen en tormentoso zigzag
Mi frac es un osario seco en la humedad del verbo
Glacial para derretir la piedra gris vitoreando consignas
El verbo tendedera multicolor con botas de castillos
Borracha isla de boleros prometidos y trapos angustiosos
La mañana verde (discurso de identidad)
Aunque no sea más tiempo
La mezcla, una ciudad que se escapa

El osario frío telescópicamente acústico
Resbala y cae abarrotado de consignas
La isla es un péndulo perpendicularmente sumidero
En tormentoso zigzag

Nosotros pudimos ser tus héroes
Pudimos renunciar a todo
Pudimos morir por la patria
Pudimos ir a la guerra
Pudimos narrar las victorias
Aplaudir a los líderes
Vitorear las consignas
Pudimos ser como el Che
Pudimos ser militantes
Pudimos ser internacionalistas
Recitar tus monólogos
Pudimos
Hasta dejar de ser
                    Revolucionarios
Comandante en Jefe
Ordene

Duermo entre sábanas de esposa
                              y madrugadas cálidas
Una mano armada asoma en la persiana
Dispara sobre mi cara de cartón
Destroza los sueños chamuscados de pasquines
Las trompetas del toque final tocan la Chambelona
Época de despertar

Amontonados en una única larga y gruesa cola
          empatada en las puntas (vaga sensación de infinito)
La democracia (con toda su polémica transparencia)
Abigarra las nubes y los duendes
Su peso concentra el movimiento para garantizar
                              la integridad de la fila
Amontonados bajo la luz refractada por su filtro
Sentimos orgullo de la ausencia espectral extranjera
Esta sofocante demagogia deroga que
          todos sus compañeros
reciben aproximadamente su indispensable dosis
                              de luz y aire
          a pesar de su gravedad
          amontonados en una única pregunta
¿Quién tira la primera piedra?

¿No LO**ve**?
Retina inmóvil
Los fajos de billetes se truecan en la calle
¿La misma del cine, el video o la TV?
¿Uniformada?
¿Quién no **lo**VE?
Dos tenis cruzan atropelladamente
Why not?
No puede comprar Romeo y Julieta
       Pero el lugar es idóneo
Espera

Zzzz

Los flases para otro momento
El retrato es un derrumbe artístico
El derrumbe es un retrato artístico
Si gira no se nota
Bajo contraste
Negro – Rosada, Rosado – Negra
¿Quién no **lo ve**?
En su carné hay fotos de chicas
           Muy chicas
              En pelotas
Fotos de carné monocromáticas
           Muy grises
              Muy oscuras

En las chicas
>Havanautos, Marina Heminguey, Hatuey
>Creyones mágicos, barras sádicas, zapatillas

Los fajos de miseria se negocian en la cama
¿Quién no **LO VE**?

El hijo del capitán
>de la Policía Nacional Revolucionaria
>>tiene pullovers

La madre del capitán (de la PNR)
>>tiene que comer

Why not?
¿No lo-ve?
Ojos que no ven corazón que no siente
Ojos que no sienten corazón que no ve
Globos diferentes
Calles diferentes
Miradas diferentes
Indiferencia

Yo soy revolucionario
Tú eres revolucionario
Él es revolucionario
Nosotros somos revolucionarios
Ustedes son revolucionarios
Ellos son revolucionarios
El pueblo es revolucionario

Revolucionario es dar el paso al frente
Revolucionario es ir al África
Revolucionario es creer en Dios
Revolucionario es un blúmer doblado en el toallero
Revolucionario es triunfar
¿Revolucionario es revolucionario?

I

La segunda vez no existe
El espejo es el destello de esa transparencia
La perspectiva que refracta al tiempo
                                 elástico de la impaciencia
                                 detalle de la calma

II

La imagen se detiene ante el espejo
                                 en blanco
¿Cómo pueden ser los que se ven en blanco?

III

La postal es cosa de la luz
No de la primera vez
Es una copia de la segunda calma
Que no existe

IV

La postal es también espejo
                       de una transparencia
                                 monocromática

V

La lente prolonga la calma

                             fuera de los límites de la postal

La perspectiva es elástica

La impaciencia se refracta en el juego

          Reflejo de un detalle en blanco

Que por no ser la primera vez

No existe

VI

La luz hace copias monocromáticas

                   de transparencias

                          que no existen

El tiempo las refracta como detalles

                   de la primera vez

VII

El tiempo distorsiona la postal

¿Cómo puede ser una impaciencia blanca?

VIII

El detalle es elástico

La imagen es una instantánea de luz

La perspectiva es la calma de la primera vez

La luz es una copia de la transparencia

La postal es la primera vez

                   lejos de los límites del fuego

IX

La segunda vez no existe

El juego es el reflejo de esa transparencia

(El tiempo que refracta la perspectiva)

X

La postal es el límite en blanco

El tiempo es la primera vez

Un ave vuela más que un par de botas
La ingravidez de Omnivideo Corporation
      Silueta de habitantes
      Cadenetas de prensa
      Trenzas ideológicas
La realidad es un plomo
          Sobre la cabeza

Ahora llueve
     y me gusta
     que todas las gotas inunden las cañerías del barrio
     me gusta abrazarlas
     envolverme en sus rejas
     y desempañarme

     me gusta
     que resbalen por algún cerebro seco
                        y le rocíe
     con un poco de algo

     me gusta
     que se aglomeren en algún paradero
     y revienten en la mugre de lo cotidiano

     me gusta
     que trepen en remolino
     y se lleven toda la mierda
               de la calle
               de los hombres

     me gusta
     que desborden la bahía
     y taponen el culo de los barcos

me gusta
que corran sin parar entre los autos
y se aparten de donde las proyectan sobre la gente

me gusta
no olvidarlas y tenerlas al menos en la ducha
siempre que puedan

Yo
No. 451920
Piso 0,1, Calle 49,9, Circunscripción 04
Solicito una taza de baño

para evacuar las cosas pendientes
De no ser imposible

respóndanme siempre

Las lenguas se le encaraman en la cabeza
            formando nudos con los pelos
Aunque llueva y resbalen
Siempre queda alguna
Las pobres son largas y simpáticas
Allí arriba se entretienen con cuentos de misterio
            y estudian la plataforma programática
A veces molestan
"Una vez intentaron perforar un pedazo de cráneo
                            y registrar
                                    adentro"
Por suerte el pellejo era duro y el hueso no se rompió
(Vivía apuntalado de intenciones)
Probablemente no aumente la longitud de los huesos
Pero si el pelo les diese una oportunidad de no usar escaleras
(Para alcanzar las puntas)
Habría que ver si el tiempo es tan benevolente de darles otra

No avizoró la época de las máquinas
                los colapsos, el stress, la irracionalidad
quedó postrado en su escritorio
rascándose la calva

SANGRE	SOL	REVOLUCIÓN
MAR	ESCLAVO	ESPERANZA
FERTILIDAD	PATRIA	CIELO
ESCUDO	FUERZA	LIBERTAD
PROTESTANTES	LAGOS	OPRESIÓN
FRATERNIDAD	CATÓLICOS	GRANO
PUREZA	ARMAS	LEALTAD
IMPERIO	RÍOS	YUGO
MUERTE	FRÍO	OCÉANO

Nacimos en un país libre
que nos dejaron nuestros padres
y primero se hundirá la isla
en el mar antes que consintamos
en ser esclavos de nadie

Libertad
¿Fidel?

El jabón en la punta de una blasfemia
La segueta amputa el último comentario
Los músculos hablan de negocios
¡Qué bien! Acaba de despertar la silla
Papeles sanitarios en la clase
Nicho de guardia
3 + beso; más de cerca
Púas en un forro de catre
Avenida
Humareda
2 onzas de maíz, una taza de pan de molde
Flauta para piano y orquesta
Lápices en Si sostenido bemol
Grito de calabazas
Chubascos y turbonadas
Tu revista
Sala B
Tremendamente cuarto de salida
Todo
Se reduce a ...   ¿Quién
lo hace
por primera vez?

No me callo
No tengo miedo a perder lo que no tengo
Legislatura no es un medicamento
Nada personal
Una sola nación alcanza a la oportunidad
Una breve razón se pierde entre firmas y carnés
Muchas escaleras y paredes sucias
Escombro de gente pulcramente enlatada
Consignas y pancartas románticas
Abre una persiana
Mira desde fuera
Hay un derrame de agua en mi desierto
Una sábana vieja y un hotel Inglaterra
Muchas ganas de esto y tantos comentarios
El amor un suicidio
Mira la hora
Sigo vivo

Un casete no puede ser un ataúd
Una historia fósil en *ranking*
Solo en categorías arqueológicas
Ni siquiera se sabe
Sobre la compatibilidad con nuestras

                          ancestrales reproductoras

Desconsuelo
Tu casete suspendido en el aire
Una sala
"Artefacto prehistórico de satisfacción sensorial…"
Información almacenada
        con antiquísimos medios electromagnéticos
        no identificados
Ruido
No
La contemporaneidad es un rival respetable
                     y el pasado continuo
Si el mundo se desarticula
Quien venga
No seguirá el mismo camino
Donde quizá casete sea sexo
              o mal aliento

Quién *quiere* una escalera para subir al madero
Yo prefiero vivir
en planta baja
tener toda la fuerza gravitacional a favor
sin temor a los globos de Pascal
La responsabilidad tiene el arte del rocío
Las lluvias siempre encuentran su cauce
Desde la tierra las nubes obstruyen la visibilidad
Se está a dos pasos de cualquier parte
Como cuando los monos pensaban
en las escaleras para trepar a los árboles

Su calva ilustrada pareció dilatarse frente a su auditorio
Los bigotes obesos mascaron sus eternos bocadillos con
énfasis de líder
Su teoría era inconsistentemente consistente
Pero era su tesis del desarrollo del milenio
Habló salvajemente en nombre de la sensibilidad
                              de principios
De la realidad
                eternamente agradecida
La esgrimió como una cruz en tiempos de inquisición
Todo quedó herméticamente convenido
Nadie voto en contra
No dejó lugar
Y es que el humo de su Lada no le deja ver
Que el buró más estratosférico
Está a una cuarta del hacha
De la primera verdad

Este se cree que la cuadra termina antes de la esquina
Este se olvida que la pañoleta se inicia en primer grado
Este no sabe que no van lejos los de adelante …
Este ignora que todos los inodoros están conectados
Este se desayuna en hacer el amor de pie
Este sueña con imágenes grabadas
Este planifica las micras de segundo
Este orina solo una vez por las tardes
Este habla ocho horas al día
Este ya no pisa la acera
Este no conoce la bodega
Ni el muro del malecón
… ¿A qué vino?
¿A joder?

AUTOEVALUACIÓN

El compañero cumple con todas las tareas asignadas por la organización. Es autocrítico y ejerce la crítica ante lo mal hecho enérgicamente. Participa en las actividades orientadas y mantiene al día el pago de … El compañero cumple con su plan de trabajo. No tiene ausencias, ni llegadas tardes. Mantiene buenas relaciones sociales y una disposición positiva a ayudar al resto de sus compañeros. El compañero ha desempeñado diferentes cargos de dirección obteniendo resultados satisfactorios. Fue elegido … Pertenece a … Participó en … El compañero se mantiene actualizado con los sucesos del acontecer nacional y extranjero a través de la prensa, la radio y la televisión. No tiene creencias religiosas ni familiares en el extranjero. Tiene acumulado el máximo de horas en trabajo voluntario. Pertenece a las milicias de tropas territoriales. Es un vecino activo en su CDR. Además, participa en todas las actividades culturales con el fin de elevar, aún más, su nivel cultural. Tiene el galardón del trabajo. El compañero ha elevado su grado de superación ideológica a través de los diferentes círculos políticos y seminarios. El compañero está vinculado al estudio activamente obteniendo resultados satisfactorios mediante el estudio individual y el autoestudio. Este año espera terminar el primer semestre de la Secundaria Obrero Campesina.

Los fuertes descargaron la escopeta
envueltos en sus pieles de conejo
y la liebre escapó
con el plomo alojado en las costillas.
Después se fue muriendo
fue acabándose sola en la maleza
mientras los fuertes descargaban su arsenal
sobre otras liebres
que morían también oyendo las descargas

Odette Alonso

La verdad abre la puerta
vestida de gris con su bufanda verde
la espalda de la ovejita roja
saltando fosforescente entre mis nubecitas blancas de desvelo
sobre el abismo negro *very black*
hoy luce ese *look*
la miro desde mi cama
con la ilusión del que vuelve sin salir
afuera se oyen las descargas
esta vez no
mira el hueco humeante en mi costilla
esta vez el plomo será de plata
y no moriremos los de siempre

Alarma
Transparencias en la vidriera obscura
Cierra la puerta el último dependiente
La noche te acomoda patas arriba y muerde tu culo
        (para saber si estás viva)
Berreas
        (eso no te ha gustado)
Das golpes a izquierdas y derechas
Tu grito sale disparado por encima de la velocidad del sonido
Atraviesas las paredes del océano
Estremeces un satélite perdido
Ajustas la orbita lunar unos cuantos grados
Doblas turno
Marcas la tarjeta del CVP matutino
No llegas al bebedero
Silencio
El único artefacto incapaz de chocar dos veces con la misma
piedra
Es la alarma
Cola, cola, cola, cola
Colas, colas, colas, colas
Almuerzo, merienda, té, café, la novela
Cola, cola, colas, colas
Goodbye

Cierra los ojos
Reza diez padre nuestro y cinco avemarías
        (para que nadie te toque)
No choques
Evita
Se apaga la última bombilla del día
Cantata en DOm para piano preparado y timbre de bicicleta
Transparente
Minifaldas, patillas de zapato
Peinetas, chaquetas nevadas
Mami, Pipo, Orgasmo
Atlantic Ocean
Surf, Bocoy, Populares, No populares
$5 \times 1 = 2$
Uno, dos, tres, probando (cuidado con lo que pruebas)
Uniformes azules de secundaria
Extintores, pipas, competencia
No es tanto lo …
Sino lo seguido
Amanece
Descanso
No alcanzo al bebedero
Colas, colas, cola, cola
La misma piedra
Consagrada
Inapelable
Alarma

Seremos _____ __ Mártires.

¿Quién engaña a quién?
Ilusión de una libertad en paro
Abundancia de la escasez
Palabras mudas
La evolución gira en círculos
Susurra, oculta en un silbido de ráfaga de aire,
                                                         una paz inmóvil… estéril
Me mareo
Caminar es una sensación de retorno
Siempre a punto de llegar (al mismo punto)
La ilusión es una metáfora vital
Muerte y nacimiento se dan la mano
Los puntos suspensivos que proyecto caen al cubo de basura
Sigo atornillado a mi sombra
—Así se hace —me dicen
No puedo elegir
Otros lo hacen por mí

Soy un caballo de carrusel cabalgando libremente
Hacia arriba y hacia abajo
El paisaje es una lámina de almanaque
(Seleccionada didácticamente
para evadir la impresión de estanque)
No rompas el círculo
(Es la estrategia del juego)
Peón por caballo

Colocaron el enemigo enfrente, debajo, arriba, delante, detrás
Tenía forma de diana amorfa
Disparó cañones de insultos, bombas de odio,
Clavó todas las groserías que aprendió y las que le enseñaron
       Entre cualquier par de cosas que parecieran costillas
Escupió
Maldijo
No acertó ni una
       No podía
Su enemigo era él
Él era un mono y el enemigo su rabo
Y así se entretuvo en la cola del plátano
Tantos años, tantas veces que olvidó dónde empezó todo
Dónde se colocó enfrente, debajo, arriba, delante, detrás
                De él mismo
                  De todo

Buscando lo que siempre tuvo
Con forma de diana amorfa
enemiga

La ciudad se derrumba
Más abstracta que nunca
Gran ciudad sin comercios, ni oficinas
Ciudad rural, apuntalada y quieta
Ciudad sin luces
Ciudad de despedidas
       De carteles perdidos y consignas escolares
       De aparente vida
(respiración artificial)
Larousse de restricciones

Ciudad prohibida
De piernas abiertas (de par en par)
Ciudad de carteles en inglés y proclamas en español

Ciudad seca
       Máscara
              En conserva
Ciudad héroe